Tartes express

Martine Lizambard

Photographies Éric Fénot

Stylisme Delphine Brunet

SOLAR
EDITIONS

Si vous souhaitez recevoir notre catalogue et être tenu au courant de nos publications, envoyez-nous vos nom et adresse, en citant ce livre et en précisant les domaines qui vous intéressent.

Éditions SOLAR
12, avenue d'Italie
75013 Paris

Internet : www.solar.fr

Direction littéraire : Corinne Cesano
Édition : Delphine Depras
Responsable artistique : Vu Thi
Graphisme : Julia Philipps
Collaboration éditoriale : Gaël Javré
Mise en pages : APS/Chromostyle
Photogravure : APS/Chromostyle
Fabrication : Laurence Ledru

ISBN : 978-2-263-04933-0
Code éditeur : S04933
Dépôt légal : juin 2010
Imprimé en France par Pollina - L53840

Sommaire

Introduction

Déroulez, garnissez, enfournez !

Trois gestes rapides, à la portée de chacun, depuis qu'il n'est même plus nécessaire de faire de pâte pour préparer une tarte : aujourd'hui, les pâtes se trouvent toutes prêtes et sous toutes les formes possibles. Fraîches, congelées, déjà étalées pour les plus pressés ou en portions adaptées aux dimensions des moules classiques, pour garder le plaisir de sortir de temps en temps le rouleau à pâtisserie de son tiroir… et de le manier !

Dans tous les cas, la tarte est devenue un plat simple à réaliser. Car la seconde étape n'est pas obligatoirement plus longue. Avec l'aide de beaux produits rapportés du marché, de quelques ingrédients de base toujours à portée de main, vous composerez en quelques minutes un repas simple, un dessert gourmand, aussi bien que la belle entrée qui manquait à votre dîner.

Le four fera le reste. Vous n'aurez plus qu'à surveiller la fin de cuisson de votre tarte… et à la partager.

Les disques de pâte du commerce permettent de garnir un moule de 28 cm de diamètre au maximum, soit une tarte pour 8 personnes.

Les recettes sont données ici pour un moule de 24 cm, convenant pour 6 personnes.

Tarte fine à la tomate, au thon et au basilic

Pour 6 personnes

1 rouleau de pâte feuilletée

300 g de thon entier à l'huile

3 tomates (120 à 150 g chacune)

2 cuill. à soupe de moutarde mi-forte

100 g de purée de tomate au naturel (en conserve)

5 cl d'huile d'olive

2 cuill. à soupe de feuilles de basilic finement ciselées + quelques petites feuilles pour le décor

Sel et poivre

Pour faire la même tarte avec une belle tranche de thon frais, rincez et séchez bien la tranche de thon, coupez-la en lamelles épaisses que vous disposez sur les tomates après la première cuisson. Arrosez d'huile d'olive au basilic et remettez 5 minutes au four.

• Mélangez 3 cuillerées à soupe d'huile d'olive et le basilic. Égouttez le thon, puis séparez-le en grosses miettes.

• Coupez les tomates en rondelles de 3 mm. Retirez sommairement les graines, séchez-les sur du papier absorbant, puis mettez-les dans un plat creux avec la moitié de l'huile au basilic. Retournez-les plusieurs fois pour bien les enrober d'huile.

• Préchauffez le four à 200 °C (th. 6-7).

• Déroulez la pâte et posez-la sur une plaque avec son papier sulfurisé. Piquez toute la surface avec une fourchette.

• À l'aide d'un pinceau, badigeonnez le disque de pâte de moutarde, en laissant une bande de 1 cm tout autour, puis étalez la purée de tomate. Disposez ensuite les rondelles de tomates en cercle, en les faisant se chevaucher. Salez, poivrez et faites cuire 20 minutes.

• Sortez la tarte du four, répartissez le thon et arrosez avec le reste d'huile d'olive au basilic. Remettez 3 ou 4 minutes au four. Servez chaud ou froid, décoré de quelques feuilles de basilic.

Tarte aux courgettes, à la feta et à la menthe

Pour 6 personnes

4 feuilles de brick

50 g de beurre fondu

2 petites courgettes (200 g chacune)

300 g de feta

50 g de fromage blanc lisse

2 petits œufs

3 cuill. à soupe d'huile d'olive

2 cuill. à soupe de feuilles de menthe ciselées

Sel et poivre

Pour une saveur plus méridionale, badigeonnez les feuilles de brick d'huile d'olive à la place du beurre fondu. Vous pouvez faire revenir les courgettes 5 minutes à la poêle avec l'huile d'olive au lieu de les passer au micro-ondes.

• Retirez les extrémités des courgettes. Rincez-les et essuyez-les, puis coupez-les en rondelles de 3 mm. Étalez-les dans un plat, enduisez-les d'huile d'olive, salez et poivrez légèrement. Couvrez (avec du film alimentaire supportant la cuisson) et faites cuire 5 minutes au four à micro-ondes, réglé à la puissance maximum.

• Coupez la feta dans un bol, puis écrasez-la à la fourchette. Malaxez-la à la spatule avec le fromage blanc, les œufs battus et la menthe. Salez légèrement et poivrez.

• Préchauffez le four à 180 °C (th. 6).

• Superposez les feuilles de brick dans un moule à tarte, en beurrant les 3 premières l'une après l'autre sur toute leur surface, à l'aide d'un pinceau.

• Étalez le mélange à la feta sur le fond de tarte, puis disposez les rondelles de courgettes.

• Faites cuire 15 à 20 minutes, jusqu'à ce que la pâte soit dorée et croustillante.

Tarte à la mozzarella et à la roquette

Pour 6 personnes

250 g de pâte à pain, fraîche ou décongelée

4 cuill. à soupe de purée de tomate fine (en conserve)

300 g de mozzarella sèche

40 g de roquette (2 petites poignées)

5 cuill. à soupe d'huile d'olive

1 cuill. à soupe de vinaigre balsamique

2 cuill. à café d'origan

Sel et poivre

La mozzarella conservée dans un liquide convient mieux aux salades qu'à la cuisson. Elle existe aussi en blocs secs ou même râpée ; elle fond alors moins vite, ce qui laisse à la pâte le temps de cuire sans que le fromage brunisse trop.

• Préchauffez le four à 210 °C (th. 7). Recouvrez une plaque de papier sulfurisé.

• Étalez la pâte au rouleau sur le plan de travail légèrement fariné en lui donnant une épaisseur de 2 ou 3 mm et posez-la sur la plaque. Étalez la purée de tomate.

• Taillez la mozzarella en lamelles de 3 mm d'épaisseur et disposez-les sur la pâte. Arrosez de 3 cuillerées à soupe d'huile d'olive, parsemez l'origan, salez et poivrez. Faites cuire 10 minutes, en surveillant la coloration de la surface.

• Pendant la cuisson, assaisonnez la roquette. Mettez-la dans un petit saladier avec le reste d'huile d'olive et le vinaigre balsamique, un peu de sel et de poivre, puis remuez bien.

• Sortez du four, disposez la roquette sur la tarte et servez aussitôt.

Tarte blanche aux lardons (Flammeküche)

Pour 6 personnes

240 g de pâte à pain, fraîche ou décongelée

200 g de crème fraîche épaisse

1 oignon blanc

150 g de petits lardons (sans couenne)

Sel et poivre

La pâte de cette tarte doit être très fine. Si vous utilisez de la pâte déjà étalée, affinez-la encore un peu au rouleau à pâtisserie avant de la garnir.

• Épluchez l'oignon, coupez-le en deux, puis chaque moitié en fines lamelles. Séparez-les avec les doigts. Plongez-les 2 minutes dans l'eau bouillante, égouttez-les, étalez-les sur du papier absorbant et laissez refroidir.

• Faites dorer les lardons 1 minute à la poêle, sans matière grasse.

• Préchauffez le four à 210 °C (th. 7). Recouvrez une plaque de papier sulfurisé.

• Farinez légèrement le plan de travail, puis étalez la pâte au rouleau, sur une épaisseur de 2 mm, en lui donnant indifféremment une forme ronde ou rectangulaire. Posez-la sur la plaque.

• Salez et poivrez la crème, étalez-la sur la pâte, puis répartissez les lardons et les lamelles d'oignon. Faites cuire 5 à 10 minutes. Servez à la sortie du four.

Tarte croustillante aux tomates cerises et aux olives

Pour 6 personnes

4 feuilles de brick

50 g de beurre fondu

2 oignons (ou 200 g d'oignons hachés décongelés)

100 g d'olives noires dénoyautées

500 g de tomates cerises

3 cuill. à soupe d'huile d'olive

1 cuill. à soupe de sucre en poudre

Sel et poivre

Vous irez encore plus vite en remplaçant la fondue d'oignons aux olives par un pot de tapenade et les tomates cerises par de fines rondelles de tomates, préalablement épépinées.

• Retirez le pédoncule des tomates, si nécessaire. Rincez-les et essuyez-les. Hachez les olives au couteau.

• Pelez et hachez finement les oignons. Faites-les fondre 5 à 10 minutes à la poêle, avec l'huile d'olive, en remuant souvent. Retirez du feu, ajoutez les olives et mélangez bien.

• Préchauffez le four à 180 °C (th. 6).

• Superposez les feuilles de brick dans un moule à tarte, en les beurrant au fur et à mesure au pinceau sur toute leur surface. Coupez nettement le bord à ras du moule.

• Faites cuire 8 à 10 minutes, pour obtenir un fond de tarte juste doré et croustillant.

• Étalez la fondue d'oignons aux olives en couche uniforme sur le fond de tarte, puis disposez les tomates en cercles concentriques, les unes contre les autres. Salez et poivrez.

• Au moment de servir, saupoudrez les tomates d'un peu de sucre en poudre et passez la tarte 2 ou 3 minutes sous le gril du four.

Carrés feuilletés aux cabécous, au miel et au thym

Pour 4 personnes

4 carrés de pâte feuilletée préétalée

6 petits cabécous assez frais

4 cuill. à soupe de miel liquide

2 cuill. à café de thym

Poivre du moulin

Les cabécous sont des petits fromages de chèvre ronds et plats, fabriqués dans le Sud-Ouest. Vous pouvez les remplacer par d'autres petits chèvres frais.

- Préchauffez le four à 200 °C (th. 6-7).
- Posez les carrés de pâte côte à côte sur une plaque, avec leur papier sulfurisé, en les espaçant pour qu'ils ne se collent pas l'un contre l'autre en cuisant. Piquez le centre avec une fourchette.
- Coupez les cabécous en deux dans l'épaisseur et posez 3 moitiés l'une contre l'autre, en triangle, au centre de chaque carré de pâte. Donnez un ou deux tours de moulin à poivre et enfournez. Faites cuire 8 à 10 minutes.
- Laissez reposer 5 minutes à la sortie du four, puis faites couler une cuillerée de miel en filet fin sur les fromages. Parsemez ensuite un peu de thym.
- Servez chaud, sur un lit de salade assaisonnée.

Tarte forestière au parmesan

Pour 6 personnes

1 rouleau de pâte feuilletée ou brisée

400 g de champignons des bois mélangés, au choix (girolles, cèpes, etc.)

15 cl de crème fraîche épaisse

1 œuf

1 échalote hachée (ou 1 cuill. à soupe d'échalote hachée décongelée)

2 cuill. à soupe de feuilles de persil plat ciselées

2 cuill. à soupe d'huile d'olive

50 g de parmesan

Sel et poivre

Si les champignons rendent beaucoup d'eau, videz-la en cours de cuisson, en maintenant un couvercle sur la poêle inclinée, pour que l'évaporation se fasse plus rapidement.

• Préchauffez le four à 200 °C (th. 6-7). Déroulez la pâte et garnissez un moule. Piquez le fond et coupez nettement le bord à ras du moule. Mettez au réfrigérateur pendant la préparation de la garniture.

• Nettoyez les champignons. Recoupez les plus gros, mais gardez les petits entiers. Faites-les revenir à feu vif à la poêle, avec l'huile d'olive, en remuant souvent, jusqu'à ce que leur eau de végétation soit évaporée. Quand ils commencent à dorer, ajoutez l'échalote, salez, poivrez et mélangez. Laissez cuire encore 1 ou 2 minutes, puis retirez du feu et laissez refroidir.

• Battez l'œuf et la crème dans un bol. Salez et poivrez.

• Étalez les champignons sur le fond de tarte, parsemez le persil et versez la crème aux œufs. Faites cuire 25 à 30 minutes.

• Taillez le parmesan en copeaux avec un couteau économe. Parsemez-en la tarte au moment de servir.

Pissaladière aux sardines

Pour 6 personnes

240 g de pâte à pain

500 g d'oignons émincés décongelés

8 à 12 filets de sardines à l'huile

4 cuill. à soupe d'huile d'olive

1 cuill. à soupe de câpres fines

1 cuill. à café d'origan

Sel et poivre

Vous pouvez faire la même tarte avec de la pâte brisée, directement sur la plaque ou dans un moule. Dans ce cas, disposez les filets de sardines en étoile.

- Dans une grande poêle, faites fondre les oignons 10 à 15 minutes avec l'huile d'olive, à feu moyen, en remuant souvent. Salez, poivrez et laissez refroidir.
- Préchauffez le four à 210 °C (th. 7). Recouvrez une plaque de papier sulfurisé.
- Étalez la pâte au rouleau sur le plan de travail légèrement fariné en un grand rectangle de 3 mm d'épaisseur. Posez-le sur la plaque.
- Étalez les oignons sur la pâte, parsemez les câpres et l'origan, et faites cuire 10 minutes.
- Sortez la tarte du four, disposez les sardines sur les oignons et remettez à cuire 5 minutes.
- Laissez reposer 5 minutes avant de servir.

Tarte fine aux poires et à la fourme d'Ambert

Pour 6 personnes

1 rouleau de pâte brisée ou feuilletée

2 poires fondantes (passe-crassane)

300 g de fourme d'Ambert

25 cl de crème

2 petits œufs

Poivre du moulin

La poire s'associant parfaitement bien aux fromages à pâte persillée, le roquefort convient aussi très bien ici. Les poires ne noirciront pas si les autres ingrédients sont déjà prêts pour garnir rapidement le fond de tarte.

• Préchauffez le four à 200 °C (th. 6-7). Déroulez la pâte et garnissez un moule. Coupez nettement le bord à ras du moule et piquez le fond avec une fourchette. Laissez reposer au réfrigérateur pendant le reste de la préparation.

• Retirez finement la croûte de la fourme et coupez-la en petites lamelles. Battez les œufs avec la crème et un peu de poivre.

• Épluchez les poires, coupez-les en quatre en retirant le cœur et les pépins, puis chaque quartier en deux ou trois. Disposez-les en étoile sur le fond de tarte.

• Répartissez le fromage autour des fruits, versez la crème et glissez aussitôt la tarte dans le four. Faites cuire 30 minutes.

Tartes croustillantes de saint-jacques au curry

Pour 4 personnes

6 feuilles de brick

12 noix de saint-jacques

50 g de beurre fondu

25 cl de crème liquide

1 cuill. à soupe de curry en poudre

Sel et poivre

Si vous avez un peu de temps, émincez finement un blanc de poireau, faites-le fondre à feu très doux avec 20 g de beurre jusqu'à ce qu'il soit bien tendre, puis étalez-en un peu sur chaque disque de pâte avant de disposer les saint-jacques.

• Mélangez la crème et le curry dans une petite casserole et faites cuire à petits frémissements jusqu'à l'obtention d'une consistance onctueuse. Salez, poivrez et gardez au chaud.

• Rincez les saint-jacques à l'eau fraîche, puis séchez-les avec soin dans du papier absorbant. Coupez chaque noix en 3 rondelles dans l'épaisseur.

• Préchauffez le four à 180 °C (th. 6). Recouvrez une plaque de papier sulfurisé.

• Coupez 2 disques de 12 à 15 cm de diamètre dans chaque feuille de brick. Enduisez-les de beurre fondu au pinceau, puis superposez-les trois par trois sur la plaque. Faites-les dorer 5 minutes au four.

• Sortez les fonds de tarte du four. Disposez les rondelles de saint-jacques en rosace sur chaque fond de tarte, en les faisant se chevaucher légèrement et en remplissant le centre avec 1 ou 2 rondelles. Salez, poivrez et remettez à cuire 5 minutes.

• Nappez de crème au curry au moment de servir.

Tartes fines de foie gras aux figues

Pour 4 personnes

1 rouleau de pâte feuilletée (ou 4 carrés déjà étalés)

8 figues violettes, fraîches ou décongelées

4 tranches de foie gras mi-cuit

20 g de beurre

3 cuill. à soupe de sucre en poudre blond

3 cuill. à soupe de vinaigre balsamique

3 cuill. à soupe de vin rouge

Sel et poivre

Le foie gras s'accommode particulièrement bien des saveurs aigres-douces et cette présentation nouvelle peut constituer l'entrée d'un très beau repas. Un autre fruit ou un chutney tout prêt fera très bien l'affaire.

- Essuyez les figues une à une. Hachez-les finement au couteau.
- Faites-les cuire 5 minutes à feu doux à la poêle avec le beurre, puis saupoudrez-les de sucre. Versez le vinaigre et le vin rouge, salez et poivrez, et poursuivez la cuisson 5 à 10 minutes à petits frémissements pour obtenir une purée épaisse. Laissez refroidir.
- Préchauffez le four à 200 °C (th. 6-7). Recouvrez une plaque de papier sulfurisé.
- Déroulez la pâte et découpez 4 disques d'environ 12 cm de diamètre à l'aide d'un emporte-pièce ou d'un bol retourné. Piquez le centre avec une fourchette et posez-les côte à côte sur la plaque, sans qu'ils se touchent.
- Étalez le quart de la purée de figues au centre, enfournez et faites cuire 6 minutes.
- Sortez la plaque du four, posez une tranche de foie gras sur chaque tarte et remettez à cuire 3 ou 4 minutes, pour que l'ensemble soit bien chaud. Servez aussitôt.

Tarte fine au saumon, au concombre et à l'aneth

Pour 6 personnes

1 rouleau de pâte feuilletée

250 g de saumon fumé en tranches

1/2 concombre

2 yaourts brassés à la grecque

100 g de fromage blanc lisse

3 cuill. à soupe d'aneth ciselé + quelques brins pour le décor

1 œuf battu avec un peu d'eau

Sel et poivre

Gardez tous les éléments au frais et assemblez la tarte au dernier moment pour ne pas détremper la pâte. Pour faciliter le service, faites des tartes individuelles.

- Épluchez le concombre, retirez les graines du cœur, puis taillez-le en petits dés, en fins bâtonnets, ou râpez-le sur une grosse grille. Mettez-le dans une passoire, salez-le légèrement et laissez égoutter.
- Partagez le saumon en larges bandes avec les doigts.
- Préchauffez le four à 200 °C (th. 6-7).
- Déroulez la pâte et posez-la sur la plaque en la laissant sur son papier sulfurisé. Piquez-la avec une fourchette sur toute sa surface, puis couvrez-la d'un second papier sulfurisé et de légumes secs. Faites cuire 10 minutes.
- Retirez le papier et les légumes secs, enduisez la pâte d'un peu d'œuf battu et remettez 5 minutes au four. Laissez refroidir.
- Mélangez les yaourts, le fromage blanc, le concombre et l'aneth. Goûtez et rectifiez l'assaisonnement.
- Au dernier moment, étalez le mélange au concombre sur le disque de pâte, disposez le saumon et décorez de quelques brins d'aneth.

Tatin aux légumes de Provence

Pour 6 personnes

1 rouleau de pâte feuilletée

1 oignon

2 petites courgettes

1 aubergine moyenne

80 g d'olives noires dénoyautées

8 à 10 feuilles de basilic

4 cuill. à soupe d'huile d'olive

Sel et poivre

Accommodez ainsi un reste de ratatouille ou utilisez une ratatouille en conserve si vous n'avez pas de légumes frais. Avant la pâte, posez sur les légumes quelques fines tranches de pancetta ou de poitrine de porc demi-sel.

• Épluchez l'aubergine et coupez-la en petits cubes. Retirez les extrémités des courgettes, coupez-les en deux dans la longueur, puis en lamelles assez fines. Pelez et émincez l'oignon.

• Dans une sauteuse, faites revenir les légumes ensemble 10 minutes à feu moyen, avec l'huile d'olive, en remuant souvent pour bien les attendrir. Salez et poivrez.

• Préchauffez le four à 200 °C (th. 6-7).

• Répartissez les olives dans le moule, puis étalez les légumes.

• Déroulez la pâte et piquez-la avec une fourchette. Posez-la sur les légumes et glissez le bord à l'intérieur des parois du moule. Enfournez et faites cuire 25 à 30 minutes.

• Laissez reposer 5 minutes à la sortie du four et démoulez en retournant la tarte sur un plat. Ciselez le basilic en surface avant de servir.

Tarte aux épinards et aux pignons

Pour 6 personnes

1 rouleau de pâte brisée ou feuilletée

350 à 400 g de pousses d'épinards (prêtes à l'emploi)

50 g de pignons

3 œufs

25 cl de crème liquide

100 g de mozzarella ou de gruyère râpé

2 cuill. à soupe d'huile d'olive

Sel et poivre

Les épinards décongelés, généralement très aqueux, peuvent détremper la pâte si on ne veille pas à bien les sécher au préalable. Préférez des pousses fraîches, déjà triées, qu'il vous suffira de cuire rapidement.

• Déroulez la pâte et garnissez un moule à tarte. Piquez le fond avec une fourchette et coupez nettement le bord à ras du moule. Mettez au réfrigérateur pendant la préparation de la garniture.

• Rincez les épinards, si nécessaire, puis essorez-les.

• Faites chauffer l'huile d'olive dans une sauteuse placée à feu assez vif. Ajoutez les épinards et laissez-les cuire 2 ou 3 minutes, en remuant souvent, pour que toutes les feuilles s'affaissent. Transvasez-les dans une passoire, laissez refroidir et pressez fortement pour éliminer le maximum d'eau.

• Préchauffez le four à 210 °C (th. 6-7).

• Cassez les œufs dans un bol et battez-les avec la crème. Ajoutez le fromage râpé, salez, poivrez et mélangez bien.

• Étalez les épinards sur le fond de tarte, versez la crème aux œufs et parsemez les pignons. Enfournez et faites cuire environ 30 minutes, jusqu'à ce que les bords de la tarte soient dorés et que la crème ait pris.

Tarte aux framboises au mascarpone

Pour 6 personnes

1 rouleau de pâte sablée

250 g de mascarpone

2 jaunes d'œufs

10 cl de crème liquide

80 g de sucre en poudre fin

400 g de framboises

1 œuf battu

Sucre glace

Beurre pour le moule

Le mascarpone peut être associé à bien d'autres fruits : des fraises ou un assortiment de baies rouges, par exemple. Si vous utilisez des fruits au sirop, égouttez-les et séchez-les bien d'abord. Disposez-les sur la tarte au dernier moment.

- Préchauffez le four à 200 °C (th. 6-7). Beurrez un moule à tarte.
- Déroulez la pâte, étalez-la dans le moule et piquez le fond avec une fourchette. Coupez nettement le bord à ras du moule.
- Recouvrez d'un disque de papier sulfurisé et de légumes secs, et faites cuire 10 minutes à blanc. Retirez le papier et les légumes secs, enduisez le fond d'œuf battu au pinceau et remettez à cuire 5 minutes. Laissez refroidir.
- Fouettez les jaunes d'œufs avec le sucre en poudre, jusqu'à ce que le mélange blanchisse. Ajoutez le mascarpone et fouettez encore quelques instants.
- Battez la crème en chantilly ferme, puis incorporez-la délicatement à la préparation précédente. Mettez au réfrigérateur.
- Au moment de servir, étalez la crème au mascarpone sur le fond de tarte et disposez les framboises en cercles concentriques, en commençant par l'extérieur.
- Saupoudrez légèrement de sucre glace.

Tarte carrée aux quetsches

Pour 6 personnes

250 g de pâte brisée (en bloc)
800 g de quetsches
60 g de sucre cristallisé
50 g de poudre d'amande
50 g de beurre mou
50 g de sucre glace
1 petit œuf
Sucre glace pour servir

Pour faire une tarte carrée avec une pâte déjà étalée, généralement de forme ronde, il suffit de garnir un moule un peu plus petit et de couper la pâte à ras du bord.

- Essuyez les quetsches une à une avec un linge humide, coupez-les en deux et retirez les noyaux.
- Mettez la poudre d'amande, le beurre, l'œuf et le sucre glace dans un bol, et mélangez vivement à la cuillère en bois pour obtenir une crème bien lisse.
- Préchauffez le four à 200 °C (th. 6-7). Préparez un moule carré de 24 cm de côté.
- Farinez légèrement le plan de travail et étalez la pâte au rouleau en un carré de 3 mm d'épaisseur, un peu plus grand que le moule.
- Garnissez le moule, coupez nettement le bord de la pâte à ras du moule et piquez le fond avec une fourchette. Recouvrez de papier sulfurisé, puis de légumes secs et faites cuire 5 minutes à blanc.
- Sortez le moule du four. Retirez le papier et les légumes secs.
- Étalez uniformément la crème d'amande sur le fond de tarte, puis rangez les quetsches dessus, en les serrant bien les unes contre les autres. Saupoudrez-les de sucre cristallisé et remettez à cuire 20 minutes.
- Laissez tiédir et saupoudrez de sucre glace avant de servir.

Tatin de pêches aux amandes

Pour 6 personnes

1 rouleau de pâte brisée

4 pêches jaunes, mûres mais fermes

80 g de sucre en poudre

80 g de beurre

60 g d'amandes effilées

N'enlevez la peau des fruits que si elle est très épaisse. Vous pouvez remplacer les pêches par des brugnons ou des abricots.

• Déroulez la pâte, posez-la sur une plaque avec son papier sulfurisé et piquez toute la surface avec une fourchette. Mettez-la au réfrigérateur pendant la préparation de la garniture.

• Préchauffez le four à 210 °C (th. 7).

• Si vous pelez les pêches, utilisez un rasoir à légumes ou ébouillantez-les 30 secondes. Coupez-les en quatre et retirez les noyaux.

• Faites fondre le beurre et le sucre à feu moyen dans un moule à manqué de 24 cm de diamètre. Quand le mélange commence à caraméliser, parsemez les amandes dans le fond du moule, puis rangez les pêches en cercles concentriques, en les serrant bien, face bombée vers le bas. Laissez cuire 5 à 10 minutes à feu doux pour que les fruits s'affaissent un peu.

• Retirez du feu, posez la pâte sur les pêches et glissez le bord à l'intérieur des parois du moule. Enfournez et faites cuire 20 à 25 minutes.

• Laissez reposer 5 minutes à la sortie du four, puis démoulez en retournant la tarte sur un plat. Servez tiède ou froid.

Tarte fine aux pommes

Pour 6 personnes

1 rouleau de pâte feuilletée

3 pommes (golden, reinette ou belle de Boskoop)

80 g de beurre

4 cuill. à soupe de sucre en poudre blond

Pour une saveur plus originale, utilisez du beurre demi-sel.

- Coupez la moitié du beurre en petits dés. Faites fondre le reste dans une petite casserole et laissez-le tiédir.
- Préchauffez le four à 200 °C (th. 6-7).
- Déroulez la pâte et posez-la sur une plaque avec son papier sulfurisé. Piquez toute la surface avec une fourchette. Mettez au réfrigérateur pendant la préparation des fruits.
- Épluchez les pommes, coupez-les en deux, évidez-les, puis recoupez chaque moitié en tranches fines.
- Sortez la pâte du réfrigérateur et disposez les pommes en cercles concentriques ou en rangées régulières, en allant presque jusqu'au bord et en les faisant se chevaucher pour bien recouvrir la pâte.
- Répartissez les dés de beurre, saupoudrez la moitié du sucre et faites cuire 15 minutes.
- Sortez la tarte du four, étalez le beurre fondu sur les pommes avec un pinceau et saupoudrez le reste du sucre. Remettez à cuire 5 à 10 minutes. Servez tiède ou chaud.

Tarte au citron

Pour 6 personnes

1 rouleau de pâte sablée

1 œuf battu

Pour la crème au citron

15 cl de jus de citron

Le zeste très finement râpé de 1 citron non traité

4 petits œufs

2 cuill. à soupe de Maïzena

200 g de sucre en poudre

220 g de beurre fondu

Pour donner une consistance plus ferme à la crème au citron, repassez la tarte 10 minutes au four préchauffé à 170 °C (th. 5-6).

• Déroulez la pâte. Garnissez un moule à tarte, piquez le fond avec une fourchette et coupez nettement le bord à ras du moule. Recouvrez d'un papier sulfurisé et de légumes secs et faites cuire 10 minutes à blanc.

• Retirez les légumes secs et le papier, enduisez le fond d'œuf battu et remettez 5 minutes au four. Laissez refroidir.

• Cassez les œufs dans un grand bol et fouettez-les avec le sucre jusqu'à ce que le mélange blanchisse et devienne mousseux. Sans cesser de fouetter pour les incorporer au fur et à mesure, ajoutez successivement la Maïzena, le jus et les zestes de citron, puis le beurre.

• Transvasez le mélange dans une casserole et faites-le épaissir en chauffant à feu modéré, sans cesser de fouetter, jusqu'au frémissement. Retirez aussitôt du feu.

• Étalez la crème au citron sur le fond de tarte, laissez refroidir et mettez au réfrigérateur jusqu'au moment de servir.

Tarte fine aux fraises et caramel balsamique

Pour 6 personnes

1 rouleau de pâte feuilletée

600 g de petites fraises (gariguettes)

200 g de crème fraîche épaisse

2 cuill. à soupe de sucre en poudre

Pour le caramel

5 cl de vinaigre balsamique

50 g de sucre en poudre

Préparez le caramel balsamique à l'avance. Conservez-le dans une petite bouteille en plastique munie d'un embout qui vous permettra de créer des décors. S'il est trop épais, il suffit de le diluer avec 1 ou 2 cuillerées d'eau, en remuant vivement.

• Mélangez le sucre et le vinaigre balsamique dans une petite casserole, portez doucement à ébullition et faites cuire 4 à 5 minutes, pour obtenir un caramel très fluide. Laissez refroidir.

• Préchauffez le four à 200 °C (th. 6-7).

• Déroulez la pâte feuilletée, posez-la sur une plaque avec son papier sulfurisé et piquez-la avec une fourchette. Recouvrez-la d'une autre feuille de papier sulfurisé et d'une poignée de légumes secs et faites-la cuire 15 minutes à blanc. Retirez le papier sulfurisé et les légumes secs, et laissez refroidir.

• Rincez les fraises à l'eau fraîche dans une passoire, séchez-les dans du papier absorbant, puis équeutez-les.

• Fouettez légèrement la crème avec le sucre. Étalez-la uniformément sur le fond de tarte, sans aller tout à fait jusqu'au bord, saupoudrez de sucre, puis disposez les fraises.

• Faites couler le caramel sur les fruits, en tenant la casserole assez haut au-dessus de la tarte et en dessinant des zébrures ou une spirale partant du centre.

Tarte aux poires au miel épicé

Pour 6 personnes

1 rouleau de pâte brisée ou feuilletée

4 ou 5 poires (selon la taille)

40 g de biscuits secs (spéculoos, sablés…)

4 cuill. à soupe de miel liquide

1/4 cuill. à café de cannelle moulue

1/4 cuill. à café de gingembre moulu

1 pincée de noix muscade

Le jus de 1 citron

Choisissez un miel de saveur neutre, qui ne masquera pas celle des poires. S'il est un peu épais, faites-le chauffer très légèrement pour l'assouplir et l'étaler uniformément sur les fruits.

• Déroulez la pâte et garnissez un moule à tarte. Piquez le fond avec une fourchette et coupez nettement le bord à ras du moule. Mettez au réfrigérateur pendant la préparation des fruits.

• Préchauffez le four à 180 °C (th. 6).

• Épluchez les poires. Coupez-les en quatre, évidez-les et recoupez chaque quartier en 3 lamelles. Arrosez-les aussitôt de jus de citron.

• Écrasez les biscuits en chapelure, étalez-les sur le fond de tarte, puis disposez les quartiers de poires en cercle dessus. Partez de l'extérieur vers le centre et faites-les se chevaucher pour recouvrir toute la pâte.

• Mélangez le miel et les épices en remuant bien. Avec un pinceau, étalez-en la moitié sur les poires. Enfournez et faites cuire 20 minutes.

• Sortez rapidement la tarte du four et enduisez les poires avec le reste du miel. Remettez à cuire 5 à 10 minutes. Servez tiède ou froid.

Tarte longue aux abricots

Pour 6 personnes

250 g de pâte feuilletée en bloc

600 g d'abricots au sirop (poids égoutté)

100 g de poudre d'amande

Pour la dorure

1 jaune d'œuf battu avec 1 cuill. à soupe d'eau

Avant de servir, saupoudrez la tarte de sucre glace et passez-la quelques instants sous le gril pour glacer la surface.

• Égouttez bien les abricots d'abord dans une passoire, puis sur du papier absorbant.

• Préchauffez le four à 200 °C (th. 6-7). Recouvrez une plaque de papier sulfurisé.

• Étalez la pâte au rouleau sur le plan de travail légèrement fariné, en un rectangle d'environ 30 × 18 cm et 3 mm d'épaisseur. Recoupez nettement les bords, puis prélevez sur la longueur 2 bandes de 1,5 cm de large.

• Déposez le rectangle de pâte sur la plaque et piquez la surface avec une fourchette. Humidifiez les bords les plus longs au pinceau et collez les petites bandes de pâte pour faire des bordures.

• Parsemez la poudre d'amande sur la pâte, puis disposez régulièrement les abricots, en les posant dans le même sens. Dorez les bordures avec le jaune d'œuf.

• Faites cuire 25 à 30 minutes, jusqu'à ce que les bords de la tarte soient bien dorés. Servez tiède ou froid.

Tarte renversée à l'ananas et caramel au rhum

Pour 6 personnes

8 tranches d'ananas frais (ou en conserve, sans sucre ajouté)

1 rouleau de pâte feuilletée ou brisée

70 g de beurre

50 g de sucre en poudre

5 cl de rhum

Un ananas frais vous demandera un peu plus de temps de préparation, mais vous permettra de faire des tranches plus fines que celles d'un ananas en conserve. Vous pouvez en superposer deux couches, en les décalant.

• Déroulez la pâte sur une plaque, piquez-la avec une fourchette et mettez-la au réfrigérateur pendant la préparation de la garniture.

• Placez un moule à Tatin (ou un moule à manqué épais) à feu moyen et faites fondre 40 g de beurre. Quand il commence à mousser, saupoudrez le sucre et laissez caraméliser le mélange, jusqu'à ce qu'il soit bien doré.

• Retirez du feu, ajoutez le reste du beurre et le rhum, et mélangez doucement.

• Posez une tranche d'ananas dans le caramel, au centre du moule, puis rangez les autres en cercle autour. Si elles sont assez fines, faites-les se chevaucher pour recouvrir toute la surface.

• Sortez la pâte du réfrigérateur, posez-la sur les fruits et glissez le bord à l'intérieur des parois du moule. Enfournez et faites cuire 30 minutes.

• Laissez reposer 5 minutes à la sortie du four, puis démoulez en retournant la tarte sur un plat. Servez tiède.

Tarte campagnarde aux mirabelles et au citron

Pour 6 personnes

1 rouleau de pâte brisée ou feuilletée

1,2 kg de mirabelles

40 g de biscuits à la cuiller

2 cuill. à soupe de poudre d'amande

2 cuill. à soupe de sucre en poudre

100 g de gelée de citron

Les mirabelles décongelées rendent beaucoup de jus. Séchez-les avec soin sur du papier absorbant avant de garnir le fond de tarte et posez-les sur leur côté peau, pour ne pas détremper la pâte.

• Déroulez la pâte, étalez-la dans le moule et piquez le fond avec une fourchette. Coupez nettement le bord à ras du moule. Laissez reposer au réfrigérateur pendant la préparation des fruits.

• Rincez et séchez les mirabelles. Retirez les noyaux en fendant légèrement les fruits, sans séparer les 2 moitiés.

• Préchauffez le four à 200 °C (th. 6-7).

• Écrasez les biscuits en chapelure moyenne. Mélangez-les à la poudre d'amande, puis étalez-les sur le fond de pâte.

• Disposez les mirabelles les unes contre les autres, en cercles concentriques, de l'extérieur vers le centre. Saupoudrez de sucre en poudre et faites cuire 25 à 30 minutes.

• Sortez la tarte du four.

• Faites chauffer la gelée de citron quelques instants à feu très doux pour la liquéfier. Nappez-en les mirabelles à l'aide d'un pinceau. Laissez refroidir.

Tarte fondante aux marrons et au chocolat

Pour 6 personnes

1 rouleau de pâte sablée

20 cl de crème liquide

500 g de crème de marrons

200 g de chocolat noir

80 g de beurre

Sortez la tarte du réfrigérateur 20 minutes avant de la servir, pour la déguster à température ambiante et parfaitement fondante.

- Préchauffez le four à 200 °C (th. 6-7).
- Déroulez la pâte. Garnissez un moule à tarte, piquez le fond avec une fourchette et coupez nettement le bord à ras du moule. Recouvrez d'un papier sulfurisé et de légumes secs et faites cuire 10 minutes.
- Retirez le papier et les légumes secs, et remettez à cuire 5 minutes. Laissez refroidir.
- Coupez le beurre et le chocolat en petits morceaux. Mettez-les dans un bol posé sur une casserole d'eau frémissante et faites-les fondre ensemble, en remuant avec une spatule pour obtenir une crème bien lisse.
- Mélangez la crème de marrons et la crème liquide dans une autre casserole, et portez doucement à ébullition.
- Retirez du feu et mélangez les deux préparations, en fouettant.
- Versez cette crème encore chaude sur le fond de tarte et mettez à durcir au réfrigérateur pendant 3 heures.

Tarte Banoffee

Pour 6 personnes
1 rouleau de pâte sablée
400 g de confiture de lait
2 belles bananes
Le jus de 1/2 citron
1 bombe de chantilly
20 g de chocolat noir

Tous les ingrédients de ce classique britannique se trouvent tout prêts dans le commerce. Mais vous pouvez aussi faire une chantilly et une confiture de lait « maison », et le fond avec des biscuits émiettés.

• Préchauffez le four à 200 °C (th. 6-7).

• Déroulez la pâte. Garnissez un moule à tarte, piquez le fond avec une fourchette et coupez nettement le bord à ras du moule. Recouvrez d'un papier sulfurisé et de légumes secs et faites cuire 10 minutes.

• Retirez le papier et les légumes secs, et remettez à cuire 5 minutes. Laissez refroidir.

• Étalez la confiture de lait uniformément sur le fond de tarte.

• Pelez les bananes, coupez-les en rondelles et arrosez-les de jus de citron pour éviter qu'elles noircissent. Disposez-les sur le caramel.

• Recouvrez la tarte d'une couche épaisse de chantilly, puis faites des petits copeaux de chocolat au couteau économe et parsemez-en la surface.

Tarte frangipane à la fleur d'oranger

Pour 6 personnes

1 rouleau de pâte feuilletée

150 g de poudre d'amande

150 g de sucre glace

150 g de beurre mou

3 œufs

40 g d'amandes effilées

1/2 à 1 cuill. à soupe d'eau de fleur d'oranger (selon le goût)

Pour une tarte tout à l'amande, remplacez l'eau de fleur d'oranger par quelques gouttes d'extrait d'amande amère.

• Déroulez la pâte et garnissez un moule à tarte. Coupez nettement le bord à ras du moule et piquez le fond avec une fourchette. Mettez au réfrigérateur pendant la préparation de la garniture.

• Préchauffez le four à 200 °C (th. 6).

• Coupez le beurre en morceaux dans un grand bol et malaxez-le à la spatule pour lui donner la consistance d'une pommade. En continuant de mélanger vivement, ajoutez la poudre d'amande et le sucre, puis les œufs battus et l'eau de fleur d'oranger.

• Quand la préparation est parfaitement homogène, étalez-la uniformément sur le fond de pâte. Parsemez les amandes effilées en surface.

• Faites cuire 25 à 30 minutes, en couvrant d'une feuille d'aluminium dès que la surface est bien dorée.

• Servez tiède ou à température ambiante.

Tarte à la ricotta et à l'orange

Pour 6 personnes

1 rouleau de pâte sablée

400 g de ricotta

3 œufs + 2 jaunes

2 cuill. à soupe de Maïzena

100 g de sucre glace
+ un peu pour servir

5 cl de jus d'orange

Le zeste de 1/2 orange, finement râpé

100 g de marmelade d'orange fine

1 pincée de sel

De saveur très douce, la ricotta convient aussi bien aux préparations sucrées que salées. En Italie, on l'associe souvent aux agrumes et l'on quadrille cette tarte de fines bandelettes de pâte.

- Déroulez la pâte et garnissez un moule à tarte. Coupez nettement le bord à ras du moule et piquez le fond avec une fourchette. Mettez au réfrigérateur pendant la préparation de la garniture.
- Préchauffez le four à 160 °C (th. 5-6).
- Cassez les œufs entiers en séparant les blancs des jaunes.
- Versez la ricotta dans un grand bol et fouettez-la 2 ou 3 minutes avec les 5 jaunes d'œufs et le sucre. Saupoudrez la Maïzena sans cesser de fouetter.
- Quand le mélange est bien crémeux, ajoutez le jus et le zeste d'orange, et remuez bien.
- Dans un autre bol, battez les 3 blancs d'œufs en neige ferme avec la pincée de sel. Incorporez-les délicatement à la ricotta.
- Étalez une fine couche de marmelade d'orange sur le fond de pâte, puis versez la ricotta. Faites cuire 35 minutes.
- Servez la tarte tiède ou froide, saupoudrée de sucre glace.

Avec ou sans moule

Le plus rapide consiste à dérouler sur une plaque à pâtisserie un disque de pâte fraîche, préétalée, en la laissant sur le papier sulfurisé sur lequel elle est enroulée.
Choisissez cette formule de préférence quand la garniture ne comporte pas d'élément liquide, pour qu'elle ne coule pas autour de la pâte pendant la cuisson. Sinon, utilisez un moule à tarte.
Les revêtements antiadhésifs actuels ne nécessitent aucune préparation. Posez directement la pâte dans le moule, sans le beurrer ni le fariner.
Laissez le papier sulfurisé :

- Placé sous la pâte, il vous aidera à démouler facilement en l'utilisant pour glisser la tarte sur un plat.
- Si votre moule n'est plus tout neuf, le papier évitera que la pâte ne colle, sans préparation préalable.
- Quand le fond de tarte doit d'abord cuire à blanc, mettez le papier sur la pâte et recouvrez-le d'une poignée de légumes secs (ou de noyaux de fruits) avant de glisser le moule dans le four.

Les meilleures pâtes

On trouve, aujourd'hui, toutes les pâtes déjà étalées ou en bloc au rayon frais des magasins d'alimentation.
Soyez toujours attentif à leur composition, leur qualité en dépend directement. Choisissez les pâtes feuilletées, brisées ou sablées « pur beurre », les pâtes à pain « à la levure boulangère ».
Les meilleures pâtes restent souvent celles de votre pâtissier… ou les vôtres !
Pour gagner du temps quand vous êtes pressé, pensez à en commander ou à en faire vous-même à vos moments libres et congelez-les en petites portions de 250 g environ.

Pâtes fraîches ou congelées

Avec un minimum d'organisation, vous ferez les meilleures tartes en très peu de temps. Mais ne confondez pas rapidité d'exécution et improvisation.
Pour aller vite au dernier moment, ayez toujours une pâte toute prête sous la main.
Les dates de péremption des pâtes fraîches sont généralement assez larges. Prenez l'habitude de les prévoir parmi vos achats courants et d'en garder au réfrigérateur.
Les pâtes congelées permettent de satisfaire une envie de tarte de dernier moment, quand tout est fermé et que l'on n'a pas de pâte fraîche en réserve.
Pensez simplement à les sortir du congélateur en temps voulu, car elles doivent dégeler lentement. Généralement 2 heures suffisent.
Enfin, ne négligez pas les pâtes « en bloc » : les étaler au rouleau ne demande que quelques instants et elles permettent toutes les formes.

Rapides… et belles

Quand vous faites une tarte dans un moule, coupez nettement le bord de la pâte à ras du moule ; en soignant ce détail, elle aura l'air de venir de chez le pâtissier.
Si vous déroulez la pâte sur une plaque, laissez une petite bande de pâte libre autour de la garniture et enduisez-la au pinceau d'un peu de jaune d'œuf, pour qu'elle dore en cuisant. Mouillez légèrement le tour du disque de pâte au pinceau et rabattez-le vers l'intérieur, sur 1,5 à 2 cm, en pinçant le rabat tous les 10 à 15 cm. L'effet est assuré.
Procédez également ainsi avec un moule trop grand, que la garniture ne remplit pas complètement, pour éviter que le tour de la tarte ne colore trop.
Pour les tartes aux fruits, prévoyez un peu plus de pâte. Découpez de fines bandelettes dans le surplus et posez-les en croisillons sur la tarte garnie avant d'enfourner. Vous pouvez aussi créer des petits décors dans des chutes.

Les nouvelles pâtes

Diversifiez vos tartes en remplaçant certains fonds de pâte feuilletée par des feuilles de brick. La forme ronde de ces crêpes extrêmement fines de la cuisine orientale, légères et croustillantes, est tout à fait adaptée aux moules à tarte.
Comme les pâtes classiques, elles sont commercialisées depuis quelques années au rayon frais des grandes surfaces. Conditionnées en sachets d'une dizaine, chacune posée sur une feuille de papier, elles se conservent plusieurs semaines au réfrigérateur. Très faciles à utiliser, elles cuisent aussi rapidement.
Décollez-les délicatement de leur support et superposez-les dans un moule antiadhésif, en les enduisant l'une après l'autre de beurre fondu sur toute leur surface, à l'aide d'un pinceau. Laissez-les dépasser tout autour en les plissant.
Selon la recette, remplissez ce fond de tarte improvisé avant d'enfourner ou faites-le cuire à vide pour le garnir ensuite.

Index des recettes

Quelques titres de la collection vedette

NOUVELLES VARIATIONS GOURMANDES

SOLAR EDITIONS